Jean Costanza

L'anglais en 10 jours

Cours de langue avec une nouvelle méthode

Éditeur: Books on Demand GmbH
Norderstedt, Allemagne
ISBN 978-3-7322-3049-5
© 2013 Jean Costanza
Tous droits réservés pour tous les pays
Frontispice: Big Ben, emblème de Londres
Photo: Jean Costanza

Table de matières

Le contrôle douanier. La prononciation.   5

Où est la gare? Les articles.   8

La grève. Les noms.   15

La panne. Les adjectifs et les adverbes.   19

Première rencontre. Le présent.   24

La robe de mariée. Autres temps.   30

Le voyage de noces. Les pronoms personnels.   35

Arrivée à l'hôtel. Autres pronoms.   39

Au restaurant. L'espace et le temps.   45

Le casino. Locutions importantes.   51

Vocabulaire   58

Premier jour

The customs check / Le contrôle douanier

Place: The airport Leonardo da Vinci in Rome.
Lieu: L'aéroport Leonardo da Vinci à Rome.
tourist / un touriste T, customs officer / douanier D

D Good afternoon (gud aafte'nuun). Bon jour. Your passpassport please (jur 'paaspoot pliis). Le passeport s'il vous plaît … The passport has expired (haes ik'spaied). Le passeport est périmé.
T This is my identity card (mai ai'dentiti kaad). Voici la carte d'identité. I have been travelling for a long time in England (ai haev biin traevling foor e long taim in 'inglend). J'ai voyagé beaucoup de temps par l'Angleterre. Is there anything new in Italy (is theer 'enithing njuu in 'iteli)? Il y a quelque chose de nouveau en Italie?
D I do not know (ai duu not nou). Je ne sais pas. Do you have <u>anything</u> to declare (duu juu haev 'enithing tuu di-'kleer)? Vous avez <u>quelque chose</u> à déclarer?
T I do not have anything to declare. Je n'ai rien à déclarer.
D Open this case (oupen this keis)! Ouvrez cette valise! Now I know something new for you (nau ai nou 'samthing njuu foor juu). Maintenant je sais quelque chose de nouveau pour vous. You have to pay *duty* on this (juu haev tuu pei 'djuuti on this). Vous devez payer *les droits de douane* pour ceci.
T But (bat) this is a gift. Mais c'est un cadeau.
D For who (foor huu)? Pour qui?
T For you. Pour vous.
D Thank you very much (thaenk juu 'veri matsh). Je vous remercie.
T Do not mention it (duu not 'menshen it). De rien.

Des mots avec soulignage ou italique ont la même signification.
La syllabe accentuée est indiquée à l'aide d'une apostrophe ou par caractères gras, par ex.
'paaspoot ou **paas**poot

Transcription phonétique (TP)

TP	explication	exemple	TP	traduction
a	très court	mother	mather	mère
aa	très long	car	kaar	voiture
ae	entre a et e	flat	flaet	plat
e	proche du petit	after	'aafter	après
e	comme lait	friend	fr*e*nd	ami
i	très court	big	big	grand
ii	très long	street	striit	rue
o	comme job	stop	stop	arrêt
oo	ouvert et long	morning	mooning	matin
oe	comme eu du fleur	girl	goel	fille
u	comme route, bref	good	gud	bon
uu	comme route, long	room	ruum	salle
ai	comme ail	time	taim	temps
au	comme Raoul	loud	laud	bruyant
ei	comme soleil	day	dei	jour
ou	o long et u léger	boat	bout	bateau

Trois règles de la prononciation

ee se prononce toujours comme ii: street (striit) / rue
oo se prononce normalement comme uu : room (ruum) / salle; devant k oo se prononce comme u : book (buk) / livre.
La e finale est muette: cheese (tshiis) / fromage.

Consonnes

TP	explication	exemple	TP	traduction
g	comme garder	girl	goel	fille
h	h se prononce	hotel	hou'tel	hôtel
j	comme yaourt	yes	jes	oui
k	comme coq	come	kam	venir
ng	comme parking	bring	bring	amener
r	comme arracher	red	red	rouge
sh	comme chanter	short	shoot	court
<u>sh</u>	comme ge in garage	garage	ge'raa<u>sh</u>	garage
t	comme temps	tea	tii	thé
th	zézayer la s	think	thingk	penser
w	comme whisky	wine	wain	vin

Alphabet anglais

A ei, B bii, C sii, D dii, E ii, F ef, G d<u>sh</u>ii, H eitsh, I ai,
J d<u>sh</u>ei, K kei, L el, M em, N en, O ou, P pii, Q kjuu,
R aar, S es, T tii, U juu, V vii, W 'dabljuu, X eks, Y wai,
Z sed

Abréviations

dérivation des règles grammatiques	D
exemple	E
facultatif	**F**
pluriel	Pl
singulier	Sg
transcription phonétique	TP

Apprenez s.v.p. les mots soulignés de <u>acheter</u> à <u>billet</u>.

Deuxième jour

Where is the station / Où est la gare?

Place : London
un touriste T, passer-by / passante P

T Excuse me madam (ik'skjuus mii 'maedem). Excusez-moi, madame. <u>Could you</u> give me some information (kud juu giv mii sam infe'meischen)? <u>Pourriez-vous</u> me donner quelques informations? Where is Victoria Station (weer is 'steischen)? Où se trouve la station Victoria?
P In the city centre. Au centre de la ville.
T Can I go *there* on foot (kaen ai gou theer on fut)? Je peux m'*y* rendre à pieds?
P It is not possible because it is too far (not 'posebl bi'kos tuu faar). Ce n'est pas possible, parce que c'est trop loin. The station is ten kilometres from here (ten ki'lomiters from hier). La gare est à une distance de 10 kilomètres d'ici.
T How can I get to the station (hau kaen ai get tuu the 'steischen)? Comment puis-je me rendre à la station?
P Do you prefer bus or underground (pri'foer bas oor 'andegraund)? Vous préférez l'autobus ou le métro? Both of them go to the station (bouth of them gou tuu the 'steishen). Tous les deux vont à la gare.
T I do not mind (ai duu not maind). Ça m'est égal. Where is the bus stop or the underground station (weer is the bas stop or thi 'andegraund 'steischen)? Où se trouve l'arrêt d'autobus ou la station de métro?
P There is the bus stop. Là-bas vous voyez l'arrêt de bus.
T Which (witsch) bus goes (gous) to the station? Quel autobus va à la station?
P You need to get the bus number eleven ('namber i'leven). Vous devez prendre le bus numéro 11.

T　How many (m*e*ni) stops are (aar) there to the station?
　　Combien d'arrêts y a-t-il jusqu'à la station?
P　Sorry, I do not know (nou). Je suis désolée, je ne le sais pas.
T　It does (das) not matter ('maeter). Ça ne fait rien. Thank you (thaengk juu). Merci.

L'article défini

E　**The** boy and **the** girls go to the English teacher.
　　TP: The boi aend the goels gou tuu **thi** inglish 'tiitsher.
　　Le garçon et les filles vont chez le professeur d'anglais.
D　**L'article the (le, la, les) est invariable en genre et en nombre.**
　　The se prononce **thi** devant un son de voyelle.

F Avec ou sans 'the'?

E　Most (1) of the pianists were successful, but Mary was the most successful (2).
　　La plupart des pianistes étaient fameux, mais Mary était la plus fameuse.
D　Most: sans the (1). Superlatif: most avec the (2).
E　Mary plays the piano (1) because she likes music (2) above all the music of Brahms (3).
　　Mary joue du piano parce qu'elle aime la musique avant tout la musique de Brahms.
D　Noms d'instruments de musique: the (1).
　　Les mots abstraits s'emploient sans the (2).
　　Si on explique un mot abstrait plus exactement: the (3).
E　On the Monday of the concert (1) Mary goes by bus (2) to Regent's Park (3), Regent Street (4),

Piccadilly Circus (5) and Royal Albert Hall (6).
Le lundi du concert Mary va en bus à Regent's Park, Regent Street, Piccadilly Circus e Royal Albert Hall.

D Noms de jours et mois: **sans** the; si on fait une explication plus précise: avec the (1).
Sans the: noms de moyens de transport (2), noms de parcs (3), de rues (4), de places (5) et de bâtiments (6).

E After the concert Mary invites some friends to the Ritz (1) for dinner (2).
Après le concert Mary invite quelques amis au Ritz pour le dîner.

D Noms d'hôtels: avec the (1).
Noms de repas: sans the (2).

E The next concert is in Europe (1). On the flight to Switzerland (2) Mary sees the Thames (3), the Atlantic Ocean (4), Lake Geneva (5) and Mont Blanc (6).
Le prochain concert a lieu en Europe. Pendant le vol en Suisse Mary voit la Tamise, l'Atlantique, le lac Léman et le Mont Blanc

D Sans the:
Noms de continents (1), noms de nation au singulier (2).
Avec the:
fleuves (3), océans (4).
Sans the:
Noms de lacs (5) et de sommets (6).

E By air Mary needs half the time but pays double the price.
Par avion Mary met du demi temps mais paie le double prix.

D On emploie the:
après half et double.
après twice:
twice the profit / le double profit

L'article indéfini

E **A** concert (1) was given by **a** European (2) pianist and **an** American (3) violinist for **an** hour (4).
TP: E 'konset wos given bai e juere'piien 'pienist aend en e'm*e*riken vaie'linist foor en 'auer.
Un concert avait lieu par un pianiste européen et un violoniste américain pendant une heure.

D **A s'emploie devant un son de consonne (1) et devant eu et u prononcés comme le pronom you (2); An s'emploie devant un son de voyelle (3) et devant un h non prononcé (4).**

F

E Mary is a pianist.
Mary est pianiste.
D On emploie a, an devant un nom de métier.
E Apples are 40 pence a kilo (1) and 20 pence for half a kilo (2).
Des pommes coûtent 40 pence le kilo et 20 pence le demi kilo.
D On emploie a, an devant une unité de mesure pour indiquer le prix (la fréquence, la vitesse) (1).
On emploie a, an après half si l'article est suivi d'une unité de mesure (2).

Conjugaison des verbes be, have, do, go (présent)

1 je suis	I **am** (ai aem) 1	I have (ai haev) 2
2 j'ai	you are (juu aar)	you have
	he/she/it **is**	he/she/it **has** (haes)
	we/you/they are	we/you/they have

On emploie **be** comme verbe autonome (par ex. Mary is a pianist / Mary est pianiste) et comme verbe auxiliaire (par ex. Mary is playing the piano / Mary joue du piano).

On emploie **have** comme verbe autonome (par ex. Mary has a piano / Mary a un piano) et comme verbe auxiliaire (par ex. Mary has played the piano / Mary a joué du piano).

1 je fais	I do (ai duu)	1	I go (ai gou)	2
2 je vais	you do		you go	
	he/she/it **does** (das)		he/she/it **goes** (gous)	
	we/you/they do		we/you/they go	

Nombres cardinaux

0 zero ('sierou)
1 one (wan)
2 two (tuu)
3 three (thrii)
4 four (foor)
5 five (faif)
6 six (siks)
7 seven ('sevn)
8 eight (eit)
9 nine (nain)
10 ten (ten)
11 eleven (i'levn)
12 twelve (twelf)
13 thirteen ('thoe'tiin)
14 fourteen ('foor'tiin)
15 fifteen ('fif'tiin)
16 sixteen ('siks'tiin)
17 seventeen ('sevn'tiin)
18 eighteen ('ei'tiin)
19 nineteen ('nain'tiin)
20 twenty ('twenti)

30 thirty ('thoeti)
40 forty ('footi)
50 fifty ('fifti)
60 sixty
70 seventy
80 eighty
90 ninety
100 a/one hundred
   e/wan 'handrid
101 a hundred and one
   e 'handrid aend wan
200 two hundred(1)
   tuu 'handrid
1000 a/one thousand
   e/wan 'thausend
2000 two thousand (1)
   tuu 'thausend
1000000 a/one million
   e/wan 'miljen
2000000 two million (1)
   tuu 'miljen

(1) Après un nombre on écrit hundred, thousand et million sans -s.

Nombres ordinaux

le premier, la première	first (foest)
second(e)	second ('sekend)
troisième	third (thoed)

A partir de 4e: nombre cardinal + th > nombre ordinal

four / quatre	four**th** / 4e
one hundred / cent	hundred**th** / 100e
one thousand / mille	thousand**th** / 1000e

Nombre décimal: on substitue le y du nombre cardinal par **ieth.**

forty / quarante	fort**ieth** / 40e

Nombres fractionnaires

Un demi	a half (e haaf)

A partir d'un tiers: nombre cardinal + nombre ordinal = nombre fractionnaire

1/3	one third
2/3	two thirds
1/4	one fourth (a quarter)
3/4	three fourths

Demander l'heure

What time is it (wot taim is it)? Quelle heure est-il?

	It is
1.00	one o'clock ('wan e'klok)
1.05	five past one (faif paast wan)
1.15	quarter past one ('kwoote)
1.30	half past one (haaf)
1.45	quarter to two (tuu tuu)
2.00	two o'clock

Verbes réguliers

Il y a 3 formes:

1e forme: la *base verbale* (= l'infinitif sans to), par ex. *call* / appeler.
2e forme: le *passé*, par ex. I *called* / j'appelais.
3e forme: le *participe passé*, par ex. I have *called* / j'ai appelé.

Verbes réguliers:
1e forme + ed > 2e forme et 3e forme, par ex.
call + ed > I *called* et I have *called*

En anglais existent des verbes irréguliers qui ne forment pas la 2e et 3e forme de cette manière.

F Verbes avec un seul mot pour tous les 3 formes

Par ex. coûter / cost
La base verbale: coûter / **cost**
Le passé: le cadeau coûtait / the gift **cost**
Le participe passé: Le cadeau a coûté / the gift has **cost**

E **Let** us **cut** and **hit** without **hurting** ourselves and after that **put** down the hammer and the knife and **shut** the door.
D Autres verbes avec un seul mot pour tous les 3 formes:
let (l*et*) laisser, cut (k*a*t) couper, hit frapper, hurt (h*oe*t) faire mal, put poser, shut (sh*a*t) fermer.
En outre: bet (b*e*t) parier, set (s*e*t) placer, spread (spr*e*d) étaler.

Apprenez s.v.p. les mots soulignés de <u>boire</u> à <u>citronnade</u>.

Troisième jour

The strike / La grève

Place: King's Cross Station in London.
Lieu: La station King's Cross à Londres.
un touriste T, employee / employé E

T *in front of the ticket office / devant le guichet:*
  What time is the next train to Edinburgh (wot taim is the nekst trein tuu 'edinbere)? À quelle heure est le prochain train pour Édimbourg?
E I do not know (nou). Je ne le sais pas. Instead of the time table we have been on strike since yesterday (in'sted of the taim teibl wii haev biin on straik sins 'jestedei). Depuis hier au lieu de l'horaire nous avons une grève.
T Which platform does the train leave from (witsh 'plaetfoom das the trein liiv from)? De quel quai part le train?
E From platform six ('plaetfoom siks). Du quai six.
T Do I have to change trains (duu ai haev tuu tsheindsh treins)? Est-ce que je dois changer de train?
E Yes, you have to change trains at York (jook). Oui, vous devez changer de train à York.
T Will I catch my connection to Edinburgh (wil ai kaetsh mai ke'nekshen)? Je prendrai ma correspondance pour Édimbourg?
E Certainly not ('soetenli). Certainement non.
T <u>How long does</u> the journey <u>last</u> (hau long das the 'dshoeni laast)? <u>Combien de temps dure</u> le voyage?
E Normally ('noomeli) five hours ('auers), but (bat) today (te'dei) because of the strike eight (eit). Normalement cinq heures, mais aujourd'hui par suite de la grève huit.
T Is there (theer) a couchette (kuu'shet)?
  Il y a un wagon couchettes?
E Yes, but because of the strike only ('ounli) until (en'til)

York. Oui, mais par suite de la grève seulement jusqu'à York.

T I would like to reserve a window seat and a couchette (ai wud laik tuu ri'soev e 'windou siit aend e kuu'sh*e*t).
Je voudrais réserver un coin fenêtre et une couchette. Please give me a second-class return ticket, the return journey without the strike (pliis giv mii e 'sekendklaas ri'toen 'tikit, the ri'toen 'dshoeni with'aut the straik).
S'il vous plaît un billet en deuxième classe, aller-retour, le retour sans grève.

Les pluriels réguliers

La plupart des noms font leur pluriel de la manière suivante: singulier + **s** > pluriel, par ex.
a girl (une fille) + **s** > girls (des filles)

F Les pluriels irréguliers

E   The la**dy** goes by bus to the restaurant and eats the pota**to** with the kni**fe**.
    La femme va en bus au restaurant et mange la pomme de terre avec le couteau.
Pl The la**dies** (1) go by bus**es** (2) to the restaurant and eat the pota**toes** (3) with the kni**ves** (4).
D

Désinence		Pluriel
consonne + y	+ es >	**ies** (1)
s, sh, ch, x, z	+ es >	**es** TP is (2)
consonne + o	+ es >	**oes** (3)
f, fe	+ es >	**ves** TP vs (4)

E   The children's teeth and feet are smaller than those of men and women.
    Les dents et les pieds des enfants sont plus petits que ceux des hommes et des femmes.

	Sg	Pl
enfant	child	children
dent	tooth	teeth
pied	foot	feet
homme	man	men
femme	woman	women ('wimin)

F Mots sans singulier

E   Marilyn takes off the **trousers**, the **tights** and the **pants**; then she puts on the **pyjamas**, which **are** very nice.
Marilyn enlève le pantalon, le collant et le slip; après elle met le pyjama qui est très beau.

D   Des choses qui se composent de deux parties égales n'ont pas un singulier et sont liées avec un verbe en Pl.

F Mots sans pluriel

E   **News** is interesting, **information** is more interesting and **advice** is the most interesting.
Des nouvelles sont intéressantes, des informations sont plus intéressantes et des conseils sont les plus intéressants.

Les jours de la semaine

lundi	Monday ('mandei)
mardi	Tuesday ('tjuusdei)
mercredi	Wednesday ('wensdei)
jeudi	Thursday ('thoesdei)
vendredi	Friday ('fraidei)
samedi	Saturday ('saetedei)
dimanche	Sunday ('sandei)

Les mois

janvier	January ('dshaenjueri)
février	February ('februeri)
mars	March (maatsh)
avril	April ('eiprel)
mai	May (mei)
juin	June (dshuun)
juillet	July (dshuu'lai)
août	August ('oogest)
septembre	September (sep'tember)
octobre	October (oc'touber)
novembre	November (nou'vember)
décembre	December (di'sember)

Les saisons

| printemps | spring (spring) | automne autumn ('ootem) |
| été | summer ('samer) | hivers winter ('winter) |

Date du jour

E   What is the date today (wot is the deit te'dei)?
On est le combien aujourd'hui?
To day is the 1st, 2nd, 4th, 20th **of** May.
Nous sommes le premier, deux, quatre, vingt mai.
L'anglais indique les jours par un nombre ordinal.

F Verbes irréguliers

come (a)	came (ei)	come (a)	venir
become (a)	became (ei)	become (a)	devenir
run (a)	ran (ae)	run (a)	courir

Apprenez s.v.p. les mots soulignés de clef à étage.

Quatrième jour

The breakdown / La panne

Place: London
un touriste T, passer-by / passante P, employee / employé E, mechanic / mécanicien M

T Excuse me, where is the nearest garage (ik'skjuus mii weer is the nierest 'gaeraash)? Excusez-moi, où se trouve le garage le plus proche?

P (*smiling / en riant*) Five meters behind you (faif miiters bi'haind juu). Cinq mètres derrière vous.

E Hello, what is the matter (he'lau, wot is the 'maeter)? Bonjour, qu'est-ce qu'il y a?

T My car has broken down (mai kaar haes 'brouken daun). Ma voiture est en panne. Could you check my car (kud juu tschek mai kaar)? Pourriez-vous vérifier ma voiture? It has just stopped and will not start again (it haes dshast stopd aend wil not staat e'gen). Elle s'est arrêté et ne démarre plus.

E Where has it stopped ? Où s'est-elle arrêté?

T Exactly in front of the garage (ig'saektli in frant of the 'gaeraash). Exactement devant le garage.

E Well done, it is a good car (wel dan, it is e gud kaar)! Bravo, c'est une bonne voiture. Please give me the car key (pliis giv mii the kaar kii). S'il vous plaît la clef de la voiture. While my mechanic checks the car you can drink a coffee (wail mai mi'kaenik tsheks the car juu kaen dringk e 'kofi). Pendant que mon mécanicien contrôle la voiture, vous pouvez boire un café.
The mechanic returns after 5 minutes. Le mécanicien retourne dans 5 minutes.

T Why does the car not start (wai das the kaar not staat)? Pourquoi la voiture ne démarre pas?

M Have a guess (haev e g*e*s). Devinez un peu.
T The starter does not work (the staater das not woek)?
Le démarreur ne fonctionne pas?
M No (nou). Non.
T Is the battery flat (is the 'baeteri flaet)?
La batterie est à plat?
M No, but the tank is empty (nou, bat the taengk is *e*mpti).
Non, mais le réservoir d'essence est vide.

Les adjectifs

E The **young** mother and the **young** father have three **young** girls (the jang mather aend the jang father haev thrii jang goels).
La jeune mère et le jeune père ont trois jeunes filles.
D **Les adjectifs se placent avant le nom. Ils sont invariables en genre et nombre.**

Les comparatifs et les superlatifs

E The first girl is blond, nice, funny and beautiful (the foest goel is blond, nais, 'fani aend 'bjuutiful).
La première fille est blonde, gentille, drôle et belle.
The second girl is blond**er**, nic**er**, funni**er** and **more beautiful**.
The third girl is the blond**est**, nic**est**, funni**est** and the **most beautiful**.
D Adjectifs monosyllabiques et adjectifs de deux syllabes terminés par -y, -er, -le, -ow: comparatif en **-er**, superlatif en **-est**. Si l'adjectif termine en **-e** on ajoute seulement **-r** et **-st**. La plupart des adjectifs avec deux ou plus syllabes font leur comparatif avec **more** et leur superlatif avec **the most**.

F Comparaisons

E The first girl is <u>taller than</u> the second girl.
La première fille est <u>plus grande que</u> la deuxième fille.
The second girl is <u>less tall than</u> the first.
La deuxième fille est <u>moins grande que</u> la première.
The third girl is <u>the least tall</u>. La troisième fille est <u>la moins grande</u>.
The third girl is not <u>as tall as</u> the second. La troisième fille n'est pas <u>aussi grande que</u> la deuxième.

E The older Marilyn gets the taller she gets.
Plus ans Marilyn a, plus grande elle devient.
Marilyn is getting taller and taller.
Marilyn devient de plus en plus grande.
Marilyn is getting more and more beautiful.
Marilyn devient de plus en plus belle.

Formes irrégulières

	comparatif	superlatif
good (gud) bon	better	best
bad (baed) mauvais	worse (woes)	worst (woest)
much beaucoup	more (moor)	most (moust)
little (litl) petit	less (les)	least (liist)
far (faar) loin	farther (faather)	farthest

Les adverbes

E The beautiful Mary plays the piano beautifully (the 'bjuutiful Mary pleis the 'pjaenou 'bjuutifuli).
La belle Mary joue du piano bien.

D **Le plus souvent les adverbes se forment de la manière suivante:**
adjectif + ly > adverbe, par ex.
beautiful + **ly** > beautifully

E The magic Mary plays the piano magically (the 'maed<u>sh</u>ik Mary pleis the 'pjaenou 'maed<u>sh</u>ikeli).
La miraculeuse Mary joue du piano miraculeusement.
D Des adjectifs en -ic: l'adverbe termine en -ically.
E It is Mary's **daily** ('deili) (1) job to play the piano **daily** (2).
C'est le travail quotidien de Mary: jouer du piano quotidiennement.
D On emploie les adjectifs du temps qui terminent en -y (1) aussi comme adverbes (2).

Degrés de comparaison

Les adverbes forment le comparatif et le superlatif comme les adjectifs.

F Adjectifs et adverbes contraires

âgé/jeune	old (ould)	young (jang)
bon marché/cher	cheap (tshiip)	expensive (ik'sp*e*nsiv)
large/étroit	broad (brood)	narrow ('naerou)
dehors/dedans	outside ('aut'said)	inside ('in'said)
premier/dernier	first (foest)	last (laast)
libre/occupé	free (frii)	occupied ('okjupaid)
tôt/tard	early ('o*e*li)	late (leit)
grand/petit	big (big)	small (smool)
dur/mou	hard (haad)	soft (soft)
clair/sombre	light (lait)	dark (daak)
froid/chaud	cold (kould)	warm (woom)
ici/là	here (hi*e*r)	there (th*e*er)
haut/bas	high (hai)	low (lou)
en haut/en bas	up (ap)	down (daun)
facile/difficile	easy (iisi)	difficult ('diffikelt)
léger/lourd	light (lait)	heavy ('h*e*vi)
long/court	long	short (shoot)
à gauche/droite	on the left (l*e*ft)	on the right (rait)

après/avant	after ('aafter)	before (bi'foor)
proche/loin	near (nier)	distant ('distent)
dessus/dessous	above (e'bav)	under ('ander)
juste/faux	right (rait)	wrong (rong)
rapide/lent	quick (kwik)	slow (slou)
beau/laid	beautiful (bjuutiful)	ugly ('agli)
fort/faible	strong	weak (wiik)
doux/acide	sweet (swiit)	sour ('sauer)
plein/vide	full	empty ('empti)

Se présenter

woman / femme F, man / homme H

H Comment allez-vous? How are you (hau aar juu)?

F Très bien, merci, et vous? Fine thanks, and you?

H Je m'appelle Coq. My name (mai neim) is Coq. Comment vous appelez-vous? What is your name (wot is jur neim)?

F Je m'appelle Poule. My name is Poule.

H Enchanté! Pleased to meet you (pliisd tuu miit juu). Vous êtes d'où? Where are you from? (weer aar juu from)?

F Je viens de la France. I am from France (ai aem from fraans).

H Mes ancêtres sont venus de la France aussi. My ancestors ('aensisters) are from France too.

F ... Je suis désolée, je dois maintenant partir. I am sorry, I have to go now (ai aem 'sori ai haev tuu gou nau). Ravie d'avoir fait votre connaissance, monsieur Coq. It was nice meeting you, Mr. Coq (it wos nais miiting juu).

H Au revoir Madame Poule et bon retour en France. Goodbye Mrs. Poule, have a good return to France (gud'bai missis haev a gud ri'toen tuu fraans).

Apprenez s.v.p. les mots soulignés de <u>être</u> à <u>heureux</u>.

Cinquième jour

First meeting / première rencontre

Place: Market square in Capri. Place du marché à Capri. In front of a hotel. Devant un hôtel. Beside the entrance: two suitcases. Près de l'entrée: deux valises.
une touriste F, un touriste M

M Do you like it here (duu juu laik it hier)? Ça vous plaît ici?
F Yes, I like it very much (jes, ai laik it veri matsh). Oui, ça me plaît très bien.
M Where do you live (weer duu juu liv)? Où habitez-vous?
F I live in Rome (ai liv in roum). J'habite à Rome.
M What a surprise, me too (wot e se'prais, mii tuu). Quelle surprise, moi aussi. I am Tino Baci. Je m'appelle Tino Baci.
F (*smiling / en souriant*): Pleased to meet you (pliisd tuu miit juu). Enchantée.
M What is your name (wot is jur neim)? Comment vous appelez-vous?
F I am Gina Borelli. Je m'appelle Gina Borelli.
M Did you find a good hotel (did juu faind e gud hou'tel)? Avez-vous trouvé un bon hôtel?
F Yes, the hotel there. Oui, cet hôtel là.
M What a surprise, I am also in this hotel (wot e se'prais, ai aem 'oolsou in this hou'tel). Quelle surprise, je suis aussi dans cet hôtel. Is this your first time here (is this juur foest taim hier)? C'est la première fois que vous êtes ici?
F Yes, this is the first time I have been here (jes this is the foest taim ai haev biin hier). Oui, c'est la première fois.
M Are you here with your family (aar ju hier with juur 'faemili)? Vous êtes ici avec la famille?

F No, I am alone (nou, ai aem e'loun). Non, je suis seul.

M Me too. Moi aussi. I arrived yesterday (ai e'raivd 'jeste-dei). Je suis arrivé hier. When did you get here? Quand êtes-vous arrivée?

F A week ago today (e wiik e'gou te'dei). Il y a une semaine.

M How long are you staying (hau long aar juu steiing)? Vous restez combien de temps?

F I am just leaving (ai aem d<u>s</u>hast living). Je suis en train de partir. There are my cases (th*e*er aar mai keisis). Voilà mes valises. I am waiting for the taxi driver in order to go to the port (ai aem weiting foor the 'taeksidraiver in 'ooder tuu gou tuu the poot). J'attends le chauffeur de taxi pour aller au port.

M What a pity (wot e 'piti)! Quel dommage! Can we see each other in Rome (kaen wii sii iitsh ather)? Est-ce qu'on peut se revoir à Rome? Would you like to go to the cinema (wud juu laik tuu gou tuu the 'sineme)? Nous allons au cinéma?

F I am not interested in the cinema (ai aem not 'intristid in the 'sineme). Je ne m'intéresse pas au cinéma.

M Would you like to go to a discotheque (wund juu laik tuu gou tuu e 'diskoutek)? Nous allons dans une discothèque?

F I do not want to go to a discotheque (ai duu not wont tuu gou tuu e 'diskoutek). Je n'ai pas envie d'aller dans une discothèque.

M What do you do in your spare time (wot duu juu duu in jur sp*e*er taim)? De quoi vous occupez-vous dans votre temps libre?

F My hobby is the opera (mai 'hobi is thi 'opere). Mon hobby est l'opéra.

M That is also ('oolsou) my hobby. C'est aussi mon hobby. Are you free on the sixth of September (aar juu frii on the sikth of s*e*p't*e*mber)? Êtes-vous libre le six septembre?

25

F Just a moment, please (d<u>sh</u>ast e'moument pliis). Un moment s'il vous plaît. I will have a look in my diary (ai wil haev e luk in mai 'daieri). Je dois regarder mon agenda. Yes, the evening is free (jes, thi 'iivning is frii). Oui, le soir est libre.

M *takes his mobile and dials a phone number / prend son téléphone portable et compose un numéro de téléphone:*
What is on the sixth of September at the opera (wot is on the sikth of sep'tember aet thi 'opere)? Qu'est-ce qu'il y a le six septembre à l'opéra. Oh, a premiere (ou, e 'premiaer). Oh, une première. Who is the soloist (huu is the 'soulouist)? Qui est le soliste? Oh, Placido Domingo! Are there still two seats (aar theer stil tuu siits)? Il y a encore deux places? I would like to reserve two seats in the gallery (ai wuud laik tuu ri'soev tuu siits in the 'gaeleri). Je voudrais réserver deux places au balcon.

F What is on at the opera. Qu'est-ce qu'il y a à l'opéra?

M (*smiling / en souriant*): The Figaro's marriage (the figaro's 'maerid<u>sh</u>). Le mariage du Figaro.

Le présent simple

Par ex. to learn (loen) / apprendre
I (ai) learn	j'apprends
you (juu) learn	tu apprends
he, she, it (hii, schii) learns	il apprend …
we (wii) learn	
you (juu) learn	
they (thei) learn	

D **On emploie la base verbale.**
  À la 3e personne du singulier on ajoute -s.

F Exceptions

E Mary fl**ies** to many cities.
   Mary vole à beaucoup de villes.
D Lorsqu'un verbe se termine par une consonne + y (par ex. fly):
   La désinence de la 3e personne du singulier est: **-ies**.
E At the airport her husband kiss**es** her and wish**es** her good luck. À l'aéroport son mari la baise et lui souhaite bonne chance.
D Lorsqu'un verbe se termine en -s/-sh /-ch /-x /-z /-o:
   la désinence de la 3e personne du singulier est: **-es.**

Le présent continu

E I am learning English (ai aem loening 'inglish).
   Je suis en train d'apprendre l'anglais.
D Le présent continu se construit de la manière suivante:
   présent du verbe be (par ex. I am) +
   base verbale + ing (par ex. learn**ing**)

L'emploi du présent continu

Le présent continu s'emploie pour décrire une action qui se déroule au moment où l'on parle ou au période actuel.
E Mary is playing the piano.
   Mary est en train de jouer du piano.
   Mary is playing the piano concertos **of** the romantic music (1). Mary joue actuellement les concertos pour piano de la musique romantique.
D Une forme du génitif: **of** (1).
Le présent continu s'emploie aussi pour décrire des tendances.
E Mary**'s** playing is getting better every day .

Mary joue du piano mieux chaque jour.
D   Une autre forme du génitif: **apostrophe** + **s** (Mary**'s**).
E   Diamonds are girls**'** best friends.
    Les diamants sont les meilleurs amis des filles.
D   Si un verbe se termine déjà en s on forme le génitif en ajoutant seulement **l'apostrophe** (girls').

F <u>Verbes irréguliers</u>

La 2e e la 3e forme sont égales:

feel (ii)	felt (*e*)	felt (*e*)	sentir
find (ai)	found (ou)	found (ou)	trouver
get (*e*)	got (o)	got (o)	obtenir
hear (ie)	heard (oe)	heard (oe)	entendre
hold (ou)	held (*e*)	held (*e*)	tenir
lay (ei)	laid (ei)	laid (ei)	poser
lead (ii)	led (*e*)	led (*e*)	mener
leave (ii)	left (*e*)	left (*e*)	quitter
lose (uu)	lost (o)	lost (o)	perdre
meet (ii)	met (*e*)	met (*e*)	rencontrer
read (ii)	red (*e*)	red (*e*)	lire
sell (*e*)	sold (ou)	sold (ou)	vendre
sit (i)	sat (ae)	sat (ae)	être assis
sleep (ii)	slept (*e*)	slept (*e*)	dormir
stand (ae)	stood (u)	stood (u)	être debout
tell (*e*)	told (ou)	told (ou)	dire

La 2e e la 3e forme se terminent en **-ght**:

bring (i)	brought (oo)	brought (oo)	apporter
buy (ai)	bought (oo)	bought (oo)	acheter
catch (ae)	caught (oo)	caught (oo)	attraper
teach (ii)	taught (oo)	taught (oo)	enseigner
think (i)	thought (oo)	thought (oo)	penser

F Quand on est malade …

Où se trouve un médecin / une pharmacie? Where is a doctor / a pharmacy (weer is e dokter / a 'faameci)?
Je suis / I am (ai aem …)
allergique à / allergic to … (e'loedshik)
(non) vacciné contre / (not) vaccinated against (not 'vaeksineited e'genst)
tombé / I have had a fall (ai haev haed e fool)
enceinte de … mois / … months pregnant (... manth 'pregnent)
diabétique / diabetic (daie'betik)
J'ai / I have (ai haev …)
mal à la tête / a headache (hedeik)
mal aux oreilles / an earache (iereik)
mal à la gorge / a sore throat (soor throut)
mal au dos / backache (baekeik)
maux d'estomac / got an upset stomach (got an ap'set 'stamek)
mal au ventre / stomach ache ('stamek eik)
un refroidissement / a cold (e could)
de la fièvre / a temperature (e 'tempritsche)
la toux / a cough (e kof)
une indigestion / an indigestion (indi'dshestshen)
la diarrhée / diarrhoea (daie'rie)
vomi / been sick (biin sik)
une tension élevée (basse) / high (low) blood pressure (hai / lou blad 'presher)
troubles circulatoires / circulatory trouble (sookju'leiteri 'trabl)
J'ai mal ici / it hurts here (it hoets hier).
Je prends ces médicaments régulièrement / I take this medication regularly (ai teike this medi'keishen 'regjuleli).

Apprenez s.v.p. les mots de <u>hôpital</u> à <u>maladie</u>

Sixième jour

The wedding dress / La robe de mariée

Place: Department store in Rome.
Lieu: Une maison de confection à Rome.
Gina G, sales assistant / vendeuse V

V Can I help you (kaen ai help juu)? Je peux vous aider?
G I am looking for a wedding dress (ai aem luking foor e weding dres). Je cherche une robe de mariée.
V What size are you (wot sais aar juu)? Quelle taille?
G I am size 40. Je porte du 40.
V Could you describe the wedding dress you want to have (kud juu di'skraib the weding dres juu wont tuu haev)? Vous pouvez décrire la robe que vous désirez?
G I want to have an elegant and traditional dress (ai wont tuu haev an 'eligent aend tre'dishenl dres). Je désire une robe élégante et traditionnelle.
V Which colour (witsh 'kaler)? De quelle couleur?
G I want something in white but more beige than white (ai wont 'samthing in wait bat moor bei<u>sh</u> thaen wait). Je voudrais quelque chose en blanc, mais plus beige que blanc.
V This is elegant and traditional. Celle-ci est élégante et traditionnelle.
G Can I try it on (kaen ai trai it on)? Je peux l'essayer?
V Of course (of koos). Volontiers. There are the changing rooms (theer aar the'tsheind<u>sh</u>ing ruums). Voici les cabines d'essayage.
G *stands in front of the mirror and looks happily at her reflection / est debout devant le miroir et regarde heureuse son reflet:* It fits nicely (naisli)). Ça va très bien. What a beautiful dress (wot e 'bjuutiful dres). Comme c'est beau. This wedding dress is a dream. Cette

robe est un rêve. How much is this dream? (hau matsh is this driim)? Combien coûte ce rêve?
V Two thousand Euro (tuu 'thousend 'juerou). Deux mille Euro.
G What a pity (wot e 'piti). Quel dommage. I cannot pay more than a thousand Euro (ai kaennot pei moor thaen e 'thousend 'juerou). Je ne peux pas dépenser plus de mille Euro.
V Just a minute please (d<u>sh</u>ast e 'minit pliis); I will speak to the head of department on the phone (ai wil spiik tuu the hed of di'paatment on the foun). Une minute s'il vous plaît; je téléphone au chef de rayon.

After the phone call / après le coup de téléphone:
You can realize your dream with one thousand and five hundred Euro (juu kaen 'rielais jur driim with wan 'thousend aend faif 'handrid 'juerou). Vous pouvez réaliser le rêve avec mille cinq cent Euro.
G Okay ('ou'kei), I will take it (ai wil teik it). D'accord, je la prends.

Le prétérit simple

E Mary play**ed** (1) the piano for two years in Paris; therefore she move**d** (2) to France (Mary pleid the 'pjaenou foor tuu jiiers in Paris; theerfoor shii muuvd tuu fraans). Mary jouait du piano pendant deux ans à Paris; pour cela elle déménageait en France.

D **On forme le prétérit simple en ajoutant ed à la base verbale (1). Lorsqu'un verbe se termine par e, on ajoute seulement d (2).**

Verbes réguliers et irréguliers: <u>La conjugaison du prétérit simple est égale pour toutes les personnes</u>, par ex.
I, you, he, she, we, you, they <u>played</u>.

Le prétérit simple du verbe 'to be' est irrégulier:
I **was** (wos)   j'étais   we were   nous étions
you were (woer)   tu étais   you were   vous étiez
he/she/it **was**   il était   they were ils étaient

F On emploie toujours le prétérit simple avec des mots qui indiquent le passé, par ex.
last week (la semaine passée), 3 days ago / il y a 3 jours, yesterday (hier).

Le *present perfect*

Le *present perfect* se construit toujours de la manière suivante:
have au présent (par ex. she has) +
verbe au participe passé (par ex. played)
Verbes réguliers: Le participe passé se construit comme le prétérit simple: la base verbale + **-ed** ou **-d.**

F L'usage du *present perfect*

1. On emploie le *present perfect* pour indiquer que l'action, commencée dans le passé, continue dans le présent (par ex. phrases avec **how long**, **since**, **for**).
E Depuis combien de temps Mary joue du piano ?
   How long has Mary played the piano?
   Mary joue du piano depuis l'age de cinq ans / depuis 30 ans.
   Mary has played the piano **since** she was five / **for** thirty years.
2. On emploie le *present perfect* avec l'adverbe **just** pour traduire venir de + verbe.
E Mary vient de jouer du piano.
   Mary has **just** played the piano.

Le futur

E The weather **will be** (1) nice tomorrow and **we shall swim** (2). TP: The 'wether wil bii nais te'morou aend wii shael swim. Demain il fera beau temps et nous irons à nager.

D **Le futur se construit de la manière suivante: will + base verbale** (1). On emploie will à toutes les personnes.
À la première personne du singulier et du pluriel on peut employer au lieu de will le mot 'shall' (2).

E Shall we go?
On y va ?

D Les formes interrogatives (shall I? shall we?) sont d'usage fréquent dans le cas de suggestions.

Verbes irréguliers importants

	be (être)	have (avoir)	do (faire)	go (aller)
présent	I am	I have	I do	I go
passé	I was	I had	I did	I went
participe passé	I have been (biin)	I have had (haed)	I have done (dan)	I have gone (gan)

Les pronoms réfléchis

E Je me présente.   I introduce myself (mai'self).
Tu te présente.   You introduce yourself (je'self).
Il se présente …   He introduces himself (him'self).
                     She introduces herself (her'self).
                     It introduces itself.
                     We introduce ourselves (aue' selfs).
                     You introduce yourselves (je'selfs).
                     They introduce themselves.

L'impératif

Place: Opera of London
Mrs. Smith S, Mr. Brown B

S (est assise dans un rang derrière le long dos du Mr. Brown):
"Sit down (1), do not stand!" (2)
TP: Sit daun, duu not staend.
"Asseyez vous! N'êtes pas debout!"
B "Sorry, I am sitting."
TP: 'Sori, ai aem 'siting.
"Désolé, je suis assis. "
D L'impératif se forme de la manière suivante:
forme affirmative: **la base verbale** (1)
forme négative: **do not (don't)** + **la base verbale** (2).
E Let us go. Allons-y.
D À la première personne du pluriel l'impératif se forme de la manière suivante:
let us (let's) + la base verbale

F Verbes irréguliers

La 2e forme se termine en **-ew** (uu). La 3e forme se termine en **-own** (ou):

blow (ou)	blew (uu)	blown (ou)	souffler
fly (ai)	flew (uu)	flown (ou)	voler
grow (ou)	grew (uu)	grown (ou)	pousser
know (ou)	knew (uu)	known (ou)	savoir
throw (ou)	threw (uu)	thrown (ou)	lancer

Apprenez s.v.p. les mots de <u>manger</u> à <u>orange</u>.

Septième jour

The honeymoon / Le voyage de noces

Place: The airport Ciampino in Rome.
Lieu: L'aéroport de Rome - Ciampino.
Gina G, Tino T, employee / employé E

T When does the charter plane leave for Paris (wen das the 'tshaater plein liiv foor Paris)? À quelle heure le vol charter part pour Paris?

E You have still a little time (juu haev stil e litl taim). Vous avez encore un peu de temps. The take-off is at nine o'clock (the teik of is aet nain eklok). Le départ est à neuf heures.

G <u>What time does</u> the plane <u>get</u> to Paris (wot taim das the plein get tuu Paris)? <u>À quelle heure arrive</u> l'avion à Paris?

E If the take-off is on time the landing is at eleven (i'levn) o'clock. Si le décollage est à l'heure, l'atterrissage est à onze heures. Are you going to Paris for the first time (aar juu gouing tuu Paris foor the foest taim)? C'est la première fois que vous allez à Paris?

G Yes, it's our honeymoon (jes, it's 'auer 'hanimuun). Oui, c'est notre voyage de noces.

E Congratulations on your marriage (kengraetju'leishens on jur 'maeridsh). Félicitations pour le mariage. Did you find a good hotel (did juu faind e gud hou'tel)? Vous avez trouvé un bon hôtel?

T Yes, nearby the cathedral *Notre Dame* in the *Quartier latin* (nierbai the ke'thiidrel). Oui, près de la cathédrale *Notre-Dame* au *Quartier latin*.

E I lived in this district of Paris from 1988 to 1996 (ai livd in this 'district of Paris from 'nain'tiin 'eiti eit tuu nain-'tiin 'nainti siks). J'ai vécu dans ce quartier de 1988 à

1996. Each time when I remember Paris I am homesick for that wonderful city (iitsch taim wen ai ri'member Paris ai aem houmsik foor thaet 'wandefel 'siti). Chaque fois que je pense à Paris j'éprouve une grande nostalgie de cette ville merveilleuse.

G What impressed you the most in Paris (wot im'presd juu the moust in Paris)? Qu'est-ce qui vous a impressionné le plus à Paris?

E It's a difficult question (it's e 'difikelt 'kwestshen). C'est une demande difficile. Perhaps the view of the *Seine* under the bridges of Paris (pe'haeps the vjuu of the *Seine* 'ander the brid<u>sh</u>s of Paris) or the view from my apartment of the blue sky over the roofs of Paris (oor the vjuu from mai e'paatment of the bluu skai 'ouver the ruufs of Paris). Peut-être la vue sur la *Seine* sous les ponts de Paris ou bien la vue de mon appartement sur le ciel bleu au dessus des toits de Paris. Perhaps that evening on place *Concorde,* when the red sun was setting behind the Eiffel tower (pe'haeps thaet 'iivning on pleis Con*corde* wen the red san wos seting bi'haind thi Eiffel tauer). Peut-être ce soir-là sur la place de la concorde, quand le soleil rouge se couchait derrière la tour Eiffel. Perhaps that night, when I looked at the light of the city from the highest restaurant of the Eiffel tower (pe'haeps thaet nait, wen ai lukd aet the lait of the 'siti from the haiest 'resteront of thi Eiffel tauer). Peut-être cette nuit-là, quand j'ai regardé l'océan de lumière de la ville du restaurant le plus haut de la tour Eiffel. Perhaps the seductive beauty of the dancers in the *Lido* and the *Moulin Rouge* (pe'haeps the si'daktiv 'bjuuti of the 'daansers in the *Lido* aend the *Moulin rouge*). Peut-être la beauté séduisante des danseuses du *Lido* et du *Moulin Rouge.* Perhaps that morning after a sleepless night in front of the church *Sacré-Coeur,* when I looked at the rosy light of the sunrise (pe'haeps thaet 'mooning 'aafter a sliiples nait in front of the tshoetsh wen ai

lukd aet the rousi lait of the sanrais). Peut-être ce matin-là, quand j'ai vu devant l'église *Sacré - Coeur,* après une nuit blanche, le lever du soleil rosé. What impressed me the most (wot im 'presd mii the moust)? Qu'est-ce qui m'a impressionné le plus? I don't know (ai dount nou). Je ne le sais pas. But I know, that you will be very happy during your honeymoon (bat ai nou, thaet juu wil bii veri 'haepi 'djuuring jur 'hanimuun) because Paris is the perfect city for love and therefore the ideal place for a honeymoon (bi'koos Paris is the 'poefikt siti foor lav aend 'theefore thi ai 'diel pleis foor e 'hanimuun). Mais je sais que vous serez très heureux tous les deux pendant ce voyage de noces, parce que Paris est la ville parfaite pour s'aimer et pour cela le lieu idéal pour un voyage de noces. How long are you staying in Paris (hau long aar juu steiing in Paris)? Combien de temps restez-vous à Paris?
T   Two weeks (tuu wiiks). Deux semaines.
G   Perhaps also some days more (pe'haeps 'oolsou sam deis moor). Peut-être aussi quelques jours en plus.
E   Say hello to Paris for me (sei he'lou tuu Paris foor mii). Saluez Paris de ma part. Have a good flight and a happy honeymoon (haev e gud flait aend e 'haepi 'hanimuun). Bon vol et bonne lune de miel.

Les pronoms personnels

Le pronom personnel remplace un nom pour éviter une répétition du nom.

E   Tu rencontres Paul? Oui, je **le** rencontre.
    Do you meet Paul? Yes I meet **him**.
TP Duu juu miit Paul? Jes ai miit him.

E 1   I meet you (ai miit juu) / je te rencontre

PPS	Verbe	PPC
I (je)	meet	**you** (te)
you (tu)	meet	**me** (me)
he (il)	meets	**her** (la)
she (elle)	meets	**him** (le)
it	meets	**it**
we (nous)	meet	**you** (vous)
you (vous)	meet	**us** (nous)
they (ils, elles)	meet	**them** (les)

E 2   I give you a gift (ai giv juu e gift) / je te donne un cadeau

PPS	Verbe	PPC
I	give	**you** (te)
you	give	**me** (me)
he	gives	**her** (lui)
she	gives	**him** (lui)
it	gives	**it**
we	give	**you** (vous)
you	give	**us** (nous)
they	give	**them** (leur)

PPS: pronom personnel sujet (I, he/she/it, we, you, they).
En anglais on doit employer les PPS toujours.
PPC: pronom personnel complément (me, him / her/ it, us, you, them).
It est un pronom neutre (ni masculin ni féminin) et a la même forme comme PPS ou PPC.

Apprenez s.v.p. les mots de <u>ouvrir</u> à <u>porte</u>.

Huitième jour

Arrival in the hotel / Arrivée à l'hôtel

Place: Hotel in Cannes.
Tino T, his wife / sa femme Gina G, their daughter /
leur fille Nora N, Mr. Richard R

T Good evening, my name is Tino Baci (gud 'iivning, mai neim is). Bon soir, je m'appelle Tino Baci. Are you Mr. Richard to whom I spoke on the phone last week (aar juu 'mister Richard to whom I spouk on the foun laast wiik)? Vous êtes monsieur Richard à qui j'ai téléphoné la semaine passée?

R Yes, pleased to meet you (jes, pliisd tuu miit juu). Oui, enchanté. How long are you staying (hau long aar juu steiing)? Combien de temps restez-vous?

T One week (wan wiik). Une semaine. We need a double room and a single room for our daughter (wii niid e 'dabl ruum aend e 'singl ruum foor 'auer 'dooter). Nous avons besoin d'une chambre double et d'une chambre individuelle pour notre fille.

R You are lucky (juu aar 'laki). Vous avez de la chance. Although it is the high season there are still some free rooms (ool'thou it is the hai siisn theer aar stil sam frii ruums). Bien que nous avons la pleine saison il y a encore quelques chambres libres. There are two rooms overlooking the sea with a bathroom and a balcony (theer aar tuu ruums ouverluking the sii with e bathruum aend e 'baelkeni). Il y a deux chambres avec salle de bain, balcon et vue sur la mer.

G How much is it with breakfast, half-board and full board (hau matsh is it with 'brekfest, haaf bood aend ful bood)? Combien coûte une nuit avec petit déjeuner, la demi-pension et la pension complète?

R This is the price list (prais list). Voici la liste des prix.
G That is too expensive (thaet is tuu ik'spensiv). C'est trop cher. Do you have anything cheaper (duu juu haev 'enithing 'tshiiper)? Vous avez quelque chose à prix réduit?
R We have two rooms overlooking the mountains ('mauntins) and with shower ('shauer). Nous avons deux chambres avec douche et vue sur les montagnes.
G Could we see the rooms (kud wii sii the ruums)? Est-ce que nous pourrions voir les chambres?
R Of course (of koos). Volontiers.

After the viewing. Après la visite.

G Okay, we will take the rooms ('ou'kei, wii wil teik the ruums). D'accord, nous prenons les chambres.
R Would you fill in this registration form (wud juu fil in this red<u>shi</u>'streishen foom). Je vous prie de remplir cette fiche. Would you sign here, please (wud juu sain hier pliis). Veuillez signer ici.
T Could somebody take the bags up to the rooms (kud 'sambedi teik the baegs ap tuu the ruums)? Quelqu'un peut monter les bagages dans les chambres?
R I will call for a servant (ai wil kool for e 'soevent). J'appelle un garçon. These are the two keys (thiis aar the tuu kiis). Voici les deux clefs.
G What time is breakfast served (wot taim is 'brekfest soevd)? À quelle heure servez-vous le petit déjeuner?
R Between eight and ten (bitwiin eit aend ten). Entre huit et dix heures.
T Could you wake us at eight tomorrow morning (cud juu weik as aet eit te'morou 'mooning)? Est-ce que vous pourriez nous réveiller à huit heures demain matin?
R Of course. Volontiers. There is the lift (theer is the lift). Voici l'ascenseur. Goodnight (gud'nait)! Bonne nuit! See you tomorrow (sii juu te'morou). À demain.

After a very good week. Après une semaine très belle.

T Could you prepare my bill (kud juu pri'peer mai bil)? Pourriez-vous préparer ma note?
R The bill is ready ('redi). La note est prête.
T Goodbye, we had a very agreeable stay (wi haed e very e'griiebl stei). Au revoir, c'était un séjour très agréable.
G It was a wonderful week (it wos e 'wandefel wiik). C'était une semaine merveilleuse.
N Bye, it was mega fantastic (bai, it wos 'mege faen'taestik). Salut, c'était mega fantastique.
R It was nice meeting you (it wos nais 'miiting juu). Ravi d'avoir fait votre connaissance. I hope to see you again next year (ai houp tuu sii juu e'gen nekst jier). J'espère vous revoir l'année prochaine. Have a god journey home (haev e gud dshoeni houm). Bon retour.

Pronoms et adjectifs possessifs

Adjectifs possessifs (my, your ...) et pronoms possessifs (mine, yours ...) sont invariables. **Les pronoms possessifs ne sont jamais précédés de l'article 'the'.** L'adjectif possessif rappelle le genre du possesseur, par ex.
Mary is parking **her** car / Mary gare sa voiture. Mary's husband is parking **his** car / Le mari de Mary gare sa voiture.
  Le pronom possessif se forme de la manière suivante:
adjectif possessif **(your)** + s > pronom possessif (**yours**)
E C'est mon garage, celui-là est le tien.
   This is my garage, that is yours (mai ... jurs).
   This is your garage, that is mine (jur ... main).
   This is his garage, that is hers (his ... hoers).
   This is her garage, that is his (hoer ... his).
   This is its garage, that is its.
   This is our garage, that is yours ('auer ... jurs).
   This is your garage, that is ours (jur ... 'auers).
   This is their garage, that is theirs (theer ... theers).

Pronoms relatifs

E Mary **who** is a pianist (1) **whose** name is very
famous (2) **to whom** many prizes were given,
(3) has a husband **who** nobody knows (4).
TP: Mary huu is e 'pienist huus neim is 'veri
'feimes tuu huum 'meni praises woer given, haes e
'hasbend huu 'noubedi nous.
Mary qui est une pianiste, dont le nom est très célèbre
et à la quelle beaucoup de prix furent décernés, a un
mari que personne ne connait.

D On emploie pour les personnes les pronoms relatifs
suivants: **nominatif**: **who** (1) **génitif: whose** (2)
au lieu de datif: **préposition + whom** (3) **accusatif**:
who (4)

E Mary's grand piano **which** cost a lot (1) **whose**
manufacturer is Steinway (2) and **with which** Mary
plays all the concerts (3), has a tone **which** one cannot
describe (4). TP: Mary's graend 'pjaenou witsh kost
e lot huus maenju'faektscherer is Steinway aend with
witsh Mary pleis ool the 'konsets, haes e toun witsh
wan kaen not di'skraib.
Le pianoforte de Mary qui coûtait beaucoup, dont le
fabricant est Steinway et avec lequel Mary joue tous
les concerts, a une sonorité qu'on ne peut pas décrire.

A On emploie pour les choses les pronoms relatifs
suivants: **nominatif**: **which** (1) **génitif: whose** (2) au
lieu de datif: **préposition + which** (3) **accusatif**:
which (4)

Phrases avec un verbe autonome

E I   Mary plays the piano.
   II   **Does** Mary **play** the piano?

D Une phrase affirmative avec un verbe autonome (I)
devient une phrase interrogative (II) de la manière
suivante: do / **does** / did .... + **la base verbale**

On emploie do / does pour le temps du présent, par ex.
Do you **play** the piano? Est-ce que tu joues du piano?
On emploie did pour le temps du passé, par ex.
Where **did** Mary **play** the piano? Où Mary a joué du piano?

E **Who** plays the concert? Qui joue le concert?
D On n'emploie pas do/does/did si le mot interrogatif (par ex. **who**, what, which) est le sujet de la phrase.
E Mary's husband **does not play** the piano.
Le mari de Mary ne joue pas du piano .
D Une phrase négative se construit de la manière suivante:

do not / **does not** / did not + **la base verbale**

E I have **never** seen York. Je n'ai jamais vu York.
D On n'emploie pas do not, does not, did not si la phrase contient un mot négatif (par ex. **never**, no, nobody).

Phrases avec le verbe be ou un verbe auxiliaire

E Mary's husband is **not** musical (I); he can**not** sing (II).
Le mari de Mary n'est pas musical; il ne sait pas chanter.
D Une phrase affirmative avec le verbe **be** ou un **verbe auxiliaire** (par ex. can, may, shall, will) devient une phrase négative si on met **not** après ces verbes. Au lieu de not on peut ajouter la forme contractée **n't** au verbe, par ex. Mary's husband is**n't** musical.
ES **Mary is** a pianist (1). **Is Mary** a pianist?
She can play the piano (2). **Can she** play the piano?
D Une phrase affirmative avec le verbe **be** (1) ou un **verbe auxiliaire** (2) devient une phrase interrogative si on échange sujet et verbe.

Les phrases interronégatives: on met **n't** après le premier verbe de la phrase, par ex:
Does**n't** he speak English? Il ne parle pas anglais?

Mot interrogatif et les *question tags*

ES **Which** concert hall did Mary play **in** (witsh 'konset hool did Mary plei in)? Dans quelle salle de concert a Mary joué?

D **Le mot interrogatif (ex. which) se place en début de la phrase. La préposition (ex. in) se place à la fin de la phrase.**

ES We heard the concert, **didn't we?**
Nous avons écouté le concert, non?
We did not hear the concert, **did we?**
Nous n'avons pas écouté le concert, si?

D Les *question tags* sont des marques qui correspondent à une demande de confirmation.
Phrase affirmative: *question tag* négatif.
Phrase négative: *question tag* positif.

Les démonstratifs

ES **This** child eats **these** bananas (this tshaild iits thiis be'naanes). Cet enfant-ci mange ces bananes-ci.

. **That** child eats **those** (thous) bananas. Cet enfant-là mange ces bananes-là.

D Les démonstratifs sont utilisés pour désigner ce qui est **proche (this, these)** ou **loin (that, those)**. Cette distance peut être comprise dans l'espace ou le temps.

F Verbes irréguliers

break (ei)	broke (ou)	broken (ou)	rompre
drive (ai)	drove (ou)	driven (i)	guider
eat (ii)	ate (*e*)	eaten (i)	manger
fall (oo)	fell (*e*)	fallen (oo)	tomber
give (i)	gave (ei)	given (i)	donner
speak (ii)	spoke (ou)	spoken (ou)	parler
take (*ei*)	took (u)	taken (*ei*)	prendre
write (ai)	wrote (ou)	written (i)	écrire

Apprenez s.v.p. les mots de <u>portion</u> à <u>riz</u>.

Neuvième jour

In the restaurant / au restaurant

Place: Restaurant in London.
Gina G, Tino T, Nora N, waitress /
serveuse S

T Good morning. Bonjour. Sorry, we are late (sori wii aar leit). Désolé, nous sommes en retard.
S It doesn't matter (it 'dasnt maeter). Cela ne fait rien.
T My name is Tino Baci (mai neim). Je m'appelle Tino Baci. I have reserved a table for three people in the non smoking area (ai haev risoevd e teibl foor thrii piipl in the non smouking aerie). J'ai réservé une table pour trois personnes dans le coin nonfumateurs.
S Here is your table (hier is jur teibl). Voici la table. Please take a seat (pliis teik e siit). Asseyez-vous, je vous en prie. Here is the drink list (hier is the drink list). Voici la liste des boissons. Would you like an aperitif (wud juu laik en eperi'tiif)? Est-ce que vous voulez un apéritif?
G An orange juice please (en orindsh dshuus). Un jus d'orange s'il vous plaît.
N A soft drink. Une boisson sans alcool.
T A French champagne (e frentsh schaem'pein). Un champagne.

After the aperitif. Après l'apéritif.

S What would you like to drink (wot wud juu laik tuu drink)? Qu'est-ce que vous aimeriez boire?
G A glass of white wine (a glaas of wait wain). Un verre de vin blanc.
N A fruit juice (e fruut d<u>sh</u>uus). Un jus de fruit.
T A draught beer (draaft bier). Une bière à la pression.
S What would you like as a starter (wot wud juu laik aes e 'staater)? Qu'est-ce que vous voulez comme entrée?

T Smoked salmon (smoukd 'saemen). Saumon fumé.
G Ham and melon (haem aend 'melen). Jambon et melon.
N A vegetable soup (e 'ved<u>sh</u>tebl suup). Un potage aux légumes.
S What would you like to eat (wot wud juu laik tuu iit)? Qu'est-ce que vous voulez manger?
N I will have a vegetarian dish (ai wil haev e ved<u>sh</u>i'taerien dish). Je vais prendre un plat végétarien. What do you recommend (wot duu you reke'mend)? Que recommandez-vous?
S Sole and as side dish rice (soul aend aes said dish rais) Sole avec du riz.
T I would like the beefsteak and mixed salad (ai wud laik the biifsteik aend mikst 'saeled). J'aimerais le steak et une salade composée.
S What kind of dressing would you like (wot kaind of 'dresing wud juu laik)? Quel sauce pour la salade?
T French (frentsh) dressing. Sauce française.
S The steak rare, medium or well done (the steik ree, 'miidiem oor wel dan)? Le steak saignant, à point où bien cuit?
T Medium. À point.
G I would like a meat dish (ai wud laik e miit dish). Je voudrais de la viande.
S I recommend you roast beef with aubergines and peppers (ai reke'mend juu roust biif with 'oubeschiins aend 'pepes). Je vous recommande rôti de boeuf avec des aubergines et poivrons.

After the main dish. Après le plat principal.

K Would you like dessert (di'soet)? Est-ce que vous voulez un dessert?
N Fruit salad and pastries and a cup of tea with lemon (fruut 'saeled aend 'peistris aend a kap of tii with 'lemen). Salade de fruit et des petits gâteaux et un thé avec du citron.
T What kind of ice cream (ais kriim) do you have? Quels

parfums de glace avez-vous?
S Vanilla (ve'nile), raspberries ('raasberis), strawberries ('strooberis), walnut ('woolnat) and apricot ('eipricot). Vanille, framboise, fraise, noix et abricot.
T Please a mixed ice cream and a coffee with milk. Une glace mixte et un café au lait.
G What kind of cake (keik) do you have? Quelles tartes avez-vous?
S Fruitcake (fruut keik), apple cake (aepl keik) and cheese cake (tshiis keik). Tarte aux fruits, tarte de pommes et tarte au fromage blanc.
G An apple cake but with whipped cream (wipt kriim) and a coffee. Une tarte de pommes mais avec crème chantilly et un café.
After an excellent lunch. Après un très bon déjeuner.
S Was everything ok (wos everything ou kei)? C'était bon?
G It was excellent ('ekselent). C'était excellent. Would you give our compliments to the chef (wud juu giv auer 'compliments tuu the shef). Faites nos compliments au chef de cuisine.
T May I have the bill please (mei ai haev the bil pliis)? L'addition s'il vous plaît. Keep the change (kiip the tscheindsh). Gardez la monnaie.
S Thank you. Merci beaucoup.

L'espace

à la maison / **in** the house (haus)
à travers ... / **through** ... (thruu)
à l'intérieur ... / **inside** ... ('in'said)
hors de ... / **outside** ... ('aut'said)
devant ... / **in front of** ... (frant)
derrière ... / **behind** ... (bi'haind)
à coté de ... / **beside** ... (bi'said)
sur ... / **on** ...

sous ... / **under** ... ('ander)
au dessus ... / **over** ... ('ouver)
en face de ... / **opposite** ... ('opesit)
près de ... / **nearby** ... (nie'bai)

L'arrivée

Je suis arrivé ... I arrived (e'raivd) ...
il y a 8 jours / eight days ago (eit deis e'gou)
la semaine passée / last week (laast wiik)
avant hier / the day before yesterday (bi'foor 'jestedei)
hier / yesterday
aujourd'hui / today (te'dei)
il y a peu de temps / a little while ago (e litl wail e'gou)
il y a une demie heure / half an hour ago (haaf en 'auer)
Je viens d'arriver. I have just arrived (ai haev d<u>s</u>hast e'raived).
Je suis en train d'arriver. I am just arriving (ai aem d<u>s</u>hast e'raiving).

Le départ

Je vais partir. I am going to leave (gouing tuu liiv).
Je pars ... I am leaving ...
tout de suite / immediately (i'miidietli)
bientôt / soon (suun)
le plus tôt possible / as soon as possible (aes suun aes 'posebl)
dans deux heures / in two hours (tuu 'auers)
ce matin / this morning (this 'mooning)
cet après-midi / this afternoon (aafte'nuun)
ce soir / this evening ('iivning)
demain / tomorrow (te'morou)
après-demain / the day after tomorrow

F Locutions importantes

Quand on n'a pas compris

Est-ce que vous parlez français? Do you speak French (duu juu spiik frentsh)? Est-ce que quelqu'un parle français? Does anyone speak French? (das 'eniwan spiik frentsh)? Je ne comprends pas. I don't understand (ai dount ande'staend). Vous pourriez le répéter et parler plus lentement? Could you repeat it and speak more slowly (kud juu ri'piit it aend spiik moor slouli)? Est-ce que vous pourriez me l'écrire? Could you write it down for me (kud juu rait it daun foor mii)? Est-ce que vous pourriez traduire cela pour moi? Could you translate that for me (kud juu traens'leit thaet foor mii)? Comment ça s'appelle en anglais? What is that in English (wot is thaet in 'inglish)? Que signifie cela? What does that mean (wot das thaet miin)? Comment on prononce cette parole? How do you pronounce this word (hau duu juu pre'nouns this woed)?

Dans le supermarché

Est-ce qu'il y a un supermarché par ici? Is there a supermarket around here (is theer e 'suupemaakit e'raund hier)?
Je cherche ... I am looking for (ai aem luking foor ...)
Je peux vous aider? Can I help you (kaen ai help juu)?
Non, merci, je ne fais que regarder. I am just looking, thanks (ai aem dshast luking, thaenks).
Combien ça coûte? How much is that (hau matsh is thaet)?
C'est trop cher. That's too expensive (tuu ik'spensiv).
Avez-vous quelque chose moins chère? Do you have anything cheaper (du juu haev 'enithing 'tshiiper)?
Ça me plait, je le/la prends. I like that, I will take it (ai laik thaet, ai wil teik it). Est-ce que je peux payer par carte de

crédit? Can I pay by credit card (kaen ai pei bai 'kredit kaad)? Est-ce que je peux avoir le ticket de caisse? Can I have a receipt (kaen ai haev e ri'siit). Pourriez-vous me donner un sac en plastique? Could you give me a bag (e baeg)?

Après un accident

Il y a eu un accident. There has been an accident (theer haes biin en 'aeksident). Deux personnes sont blessées. Two people have been hurt (tuu piipl haev biin hoet). Appelez tout de suite une ambulance et la police. Call an ambulance and the police, quick (kool en 'aembjulens aend the pe'liis, kwik). Donnez moi votre nom, votre adresse et le numéro de votre assurance. Could you give me your name, your address and your insurance number (kud juu giv mii jur neim, 'jur e'dres aend jur in'shuerens 'namber).

F Verbes irréguliers

TP: 1e forme (**i**) 2e forme (**ae**) 3e forme (**a**).

begin (i)	began (ae)	begun (a)	commencer
drink (i)	drank (ae)	drunk (a)	boire
sing (i)	sang (ae)	sung (a)	chanter
sink (i)	sank (ae)	sunk (a)	sombrer
spring (i)	sprang (ae)	sprung (a)	bondir
swim (i)	swam (ae)	swum (a)	nager

Apprenez s.v.p. les mots de <u>robe</u> à <u>timbre-poste</u>.

Dixième jour

Les prépositions

E   Mary flies **at** 7 pm (1) **from** London **to** Paris **with** the manager, but **without** her husband, **for** a concert in the Pleyel hall. The aircraft flies **above**, **between** and **below** the clouds. **During** the landing Mary looks at the Eiffel tower by night.

at (aet) à	for (foor) pour
from de	above (e'bav) au-dessus de
to (tuu) à	between (bi'twiin) entre
with avec	below (bi'lou) au-dessous de
without (with'aut) sans	during ('djuering) pendant

1   On emploie de minuit à midi **am** (l'abréviation de ante meridiem) et de 12 heures à 24 heures **pm** (l'abréviation de post meridiem).

many, much, a lot (of)

ES   I   Do you have **many books** (1)?
         Est-ce que vous avez beaucoup de livres?
     II Yes, but I don't have **much time** (2) to read them.
         Oui, mais je n'ai pas beaucoup de temps pour les lire.
     III Yes, I have **a lot of books** (3) and **a lot of time** (4) to read them.
         Oui, j'ai beaucoup de livres et beaucoup de temps pour les lire.

many + pluriel et **much** + singulier sont employés surtout dans les phrases interrogatives (I) et négatives (II).
a lot of est employé surtout dans les phrases affirmatives (III).

Some

ES I Would you like **some** tea (1) and **some** biscuits (2)?
       Tu veux du thé et des biscuits?
    II I would like **some** tea. Je voudrais du thé.
D   Some exprime une certaine quantité. On le traduit
       souvent par du, de la, des. Some + singulier signifie
       un peu de (1), some + pluriel signifie **quelques** (2).
       On emploie some dans les questions quand on
       s'attend à une réponse positive (I) et dans les
       énoncés affirmatifs (II).
       Some ne s'emploie pas dans les énoncés négatifs.

Any

Un libraire téléphone avec un écossais:
libraire: I You can come at **any** time (1) and choose
               any book (2) / **any** books (3).
               Vous pouvez venir à n'importe quelle heure
               et choisir un livre quelconque / des livres
               quelconques.
écossais: II I have no money / I do not have any money.
               Je n'ai pas de la monnaie.
           III Do you have **any** free books?
               Est-ce que vous avez des livres gratuits?
D   Any exprime une certaine quantité. On emploie any
       pour énoncés affirmatifs (I), négatifs (II) et interroga-
       tifs (III).
       Dans les énoncés affirmatifs any signifie n'importe
       quel / quelle (1), quelconque (2), quelconques (3).
       Dans les énoncés négatifs (II) et interrogatifs (III) any
       exprime une quantité quelconque.
       On emploie les composés de some et any (somebody /
       anybody (quelqu'un) something / anything (quelque
       chose) comme some et any.

L'interview

Reporter R, Mrs. Mary … M

R Allo, pourrais-je parler à Mrs. Mary … hello, could I speak to Mrs. Mary …
M C'est moi. Speaking.
R Je suis un journaliste de la radio BBC. I am a reporter at the broadcasting corporation BBC. Pourriez-vous rendre un service à moi. Could you do me a favour? Je voudrais prendre un rendez-vous pour un interview à la radio. I would like to have an appointment for an interview on the radio.
M Avec plaisir. I would love to. Est-ce que vous pourriez me dire le genre de vos questions? Could you tell me the kind of questions which you will pose?
R Je vous demanderai par exemple. For example I will ask you: Est-ce que vous aimez la musique moderne? Do you like modern music? Y a-t-il un orchestre que vous préférez? Is there an orchestra which you prefer? Où votre prochain concert a lieu? Where does your next concert take place?
M Combien de temps dure l'interview ? How long does the interview take?
R Environ une heure. Roughly one hour.
M Je voudrais préférer une demie heure. I would rather have half an hour.
R Pas de problème. No problem.
M Je dois me rendre à la BBC? Do I have to go to the BBC?
R Non, je viendrai vous prendre. No, I will pick you up.
M Merci, très gentil. Thank you, that's very kind of you.
R De rien. You are welcome. Bonne journée. Have a nice day.
M Merci, à vous aussi. Thanks, you too.

Locutions et paroles importantes

En anglais on emploie au lieu du pronom ‚on' le pronom indéfini 'one' ou le substantif people (gens) ou les pronoms we, you, they.
Pouvez-vous recommander … Can you recommend …
Est-ce qu'il y a … près d'ici? Is / are there … near here?
Est-ce qu'il y a des réductions pour … Are there reductions for …
Où puis je trouver … Where can I get / find …
Comment puis-je me rendre à … How do I get to …
Quand part … pour … When does … leave for …
À quelle heure débute …? What time does … start?
Ça va prendre combien de temps? How long does it last / take?
À quelle heure … se termine? What time does … finish?
On est à quelle distance de … How far is it to …
… ne fonctionne pas / est cassé. … does not work / is broken.
Peut-on … réparer? Can … be repaired?
… sera prêt quand? When will … be ready?
Est-ce que ça vous dérange si … Do you mind if …
J'ai besoin de … I need …
Je voudrais / j'aimerais louer … I would like to hire / rent ...

Formes contractées

doesn't ('dasnt) = does not; don't (dount) = do not
he's (his) = he is, he has; I'd (aid) = I would, I had
I'll (ail) = I will, I shall; I'm (aim) = I am
it's (its) = it is, it has; I've (aiv) = I have
what's (wots) = what is, what has;
won't (wount) = will not; you're (juer) = you are

Apprenez s.v.p. les mots de <u>tire-bouchon</u> à <u>wagon-lit.</u>

The casino / Le casino

Mr. Müller is a passionate gambler. Monsieur Müller est un joueur passionné. Therefore he calls a taxi in front of the station of Naples and says to the driver:
  „Al casino, per favore."
Pour cela il appelle un taxi devant la gare de Naples et dit au chauffeur:
  „Al casino, per favore."
After 5 minutes the driver says with a wink:
  „There is the entrance to the casino."
Après 5 minutes le chauffeur dit avec un clin d'oeil:
  „Voici l'entrée du casino."
At the reception sits a beautiful lady, who greets Mr. Müller with a friendly smile. À la réception une belle dame est assise qui salue le monsieur Müller avec un gentil sourire.
  „Excuse me", says Mr. Müller, „the customs officer said, that my passport has expired."
  „Excusez-moi", dit monsieur Müller, „le douanier a dit que mon passeport est périmé."
  „Here your passport isn't necessary. Our clients set great store by anonymity", says the lady with a wink.
  „Ici vous n'avez pas besoin du passeport; nos clients attachent une grande importance à l'anonymat ", dit la dame avec un clin d'oeil.
  „That's really kind of you. In Germany you must produce your passport every time you go to casino."
  „Très gentil de votre part. En Allemagne on doit montrer le passeport chaque fois qu'on va à un casino."
  „At the moment all the rooms are occupied. But you can drink an aperitif in the bar at the expense of the casino."
  „Pour le moment toutes les pièces sont occupées. Mais vous pouvez boire un apéro dans le bar au frais du casino."
Mr. Müller looks with great astonishment at the deep décolletage of the full-bosomed barmaid, who says with a smile:

„What would you like to drink?"

Monsieur Müller regarde avec une grande stupeur le profond décolleté de la serveuse à la poitrine généreuse qui dit avec un sourire:

„Qu'est-ce que vous voulez boire?"

Because it's very hot, he answers:

„A campari with ice."

Puisqu'il fait très chaud, il répond:

„Un campari avec des glaçons."

Preparing the aperitif the barmaid asks:

„Where do you come from?"

Pendant que la serveuse prépare l'apéritif elle demande:

„Vous êtes d'où?"

„I am from a little village near Baden-Baden in Germany."

„Je viens d'un petit village près de Baden-Baden en Allemagne."

„What do you do for a living. Qu'est-ce que vous faites dans la vie?"

„I am a German teacher. Je suis un professeur d'allemand." The winking of the barmaid reminds Mr. Müller of the winking of the driver and the lady at the reception. Le clin d'oeil de la serveuse rappelle à monsieur Müller le clin d'oeil du chauffeur et de la dame à la réception.

„Are you in a casino for the first time?"

„C'est la première fois que vous êtes au casino?"

„No, in Baden-Baden I go to the casino twice a week, mostly the whole night. When I have begun I cannot stop."

„Non, à Baden-Baden je vais au casino deux fois par semaine, le plus souvent toute la nuit; si j'ai commencé une fois je ne peux plus m'arrêter."

„Here you can stay the whole night too. When did you go to a casino for the first time?"

„Ici vous pouvez rester aussi toute la nuit. Quand êtes-vous allé la première fois au casino?"

„Thirty years ago we spent our honeymoon in Monte

Carlo. Il y a 30 ans que nous avons fait le voyage de noces à Monte-Carlo. While my wife went shopping I went to the casino. Pendant que ma femme faisait des achats je suis allé au casino. The minimum stake was very low. La somme minimum était très basse. What is the minimum stake here? À combien se monte la somme minimum ici?"

„Two hundred Euro."

"Deux cent Euro."

„Oh, it's very high! Oh, comme c'est haut! In Baden-Baden the minimum stake is only two Euro. À Baden-Baden la somme minimum est seulement deux Euro."

Suddenly a door opens. À l'improviste une porte s'ouvre. A gentleman comes out and behind him Mr. Müller sees a blond girl dressed only in some pink pants. Un homme apparaît et derrière lui monsieur Müller voit une fille blonde vêtue seulement avec un slip rouge. Now he understands, where he is and the meaning of the three winks. Maintenant il comprend, où il se trouve et la signification du clin d'oeil répété trois fois. Then he begins to get angry. Puis il commence à rouspéter:

„What a stupid driver! Quel stupide chauffeur de taxi! I said 'al casino, per favore'! J'ai dit 'al casino, per favore'!" The barmaid laughs and says. La serveuse rit et dit:

„Do not blame the driver. Ne le reprochez pas au chauffeur. You said 'al casino, per favore'; this word means in Italian a house, where you can have fun with beautiful girls. Vous avez dit 'al casino, per favore '; cette parole signifie en italien une maison, où on s'amuse avec des belles filles. A house, where you can play roulette is called in Italian casinò. Une maison où on joue à la roulette s'appelle en italien casinò."

„A wrong accent and its consequences", says Mr. Müller laughing. „Un accent faux et ses conséquences", dit monsieur Müller en riant.

Vocabulaire

abricot TP e**i**pricot
accepter accept eks**e**pt
accident TP **ae**ksident
accompagner accompany (ka)
achat buy bai
<u>acheter</u> buy bai
<u>adaptateur</u> adapter ed**ae**pter
<u>addition</u> bill bil
<u>adresse</u> address edr**e**s
<u>aéroport</u> airport 'e**e**poot
age TP eid<u>sh</u>
<u>agneau</u> lamb laem
agréable pleasant pl**e**snt
<u>aider</u> help h**e**lp
aimer love lav
<u>aller</u> go gou
<u>aller retour</u> there and back
aller voir go and see
allergie allergy **ae**led<u>sh</u>i
allumette match maetsh
<u>ambassade</u> embassy **e**mbesi
<u>ambulance</u> TP **ae**mbjulens
ami (boy) friend fr**e**nd
ampoule light bulb lait balb
animal TP **ae**nimel
anniversaire birthday bo**e**thdei
<u>annuaire du téléphone</u>
phone book foun buk
<u>annuler</u> cancel k**ae**nsel
antiquité antique **ae**ntiik
août august **oo**gest
apéritif aperitif eperit**ii**f
<u>appartement</u> apartment (ep**aa**t)

appareil photo
camera k**ae**mere
<u>appeler</u> call kool
<u>s'appeler</u> be called
<u>apporter</u> bring
<u>après-midi</u> afternoon (nuun)
arbre tree trii
architecture TP **aa**kit**e**ktsher
<u>argent</u> money mani
<u>arrêt</u> stop
<u>arrêt d'autobus</u>
bus stop bas stop
<u>arrêter</u> stop
arrivée arrival er**ai**vel
<u>arriver</u> arrive er**ai**v
art TP aat
artificiel artificial aatifishel
artiste artist **aa**tist
<u>ascenseur</u> lift
assez enough inaf
<u>assiette</u> plate pleit
<u>assurance</u> TP e<u>sh</u>u**e**rens
<u>attendre</u> wait weit
<u>attention</u> TP et**e**nshen
atteindre reach riitsh
attestation certificate (kit)
auberge inn
auberge de jeunesse
youth hostel juuth hostel
<u>aujourd'hui</u> today ted**ei**
au moins at least aet liist
aussi also **oo**lsou
<u>auto</u> car kaar

autobus bus bas
automne autumn **oo**tem
autoroute motorway mo**u**tewei
autre other **a**ther
avion plane plein
avocat(e) **a**dvocate (kit)
avoir have haev
avoir besoin de need niid
avouer admit
avril April **ei**prel
B
bac ferry f**e**ri
bagages baggage b**a**egid**sh**
baigner swim
bain bath baath
balai broom bruum
balcon balcony b**a**elkeni
banque bank baengk
barque boat bout
bas sock sok
bateau à moteur motorboat
bateau à voile
sailing boat seiling bout
batterie battery b**a**eteri
beurre butter b**a**ter
bicyclette bike baik
bientôt soon suun
bière beer bier
bijoutier jeweller d**shuu**eler
billet ticket tikit
billet de banque banknote nout
biscuit TP biskit
bleu blue bluu
boeuf beef biif
boire drink

boite box boks
boite aux lettres
letter box l*e*ter boks
bon marché cheap tshiip
bouche mouth mauth
boucherie butcher b**u**tsher
bouée sauvetage life belt
laiv belt
bougie candle k**a**endl
boulangerie bakery b**ei**keri
bouteille bottle botl
bouteille de gaz
bottle of gas
bouton button b**a**tn
bras arm aam
briquet lighter l**ai**ter
brochette skewer skj**u**er
brochure TP bro**u**shjuer
brouillard fog
bruyant loud laud
bureau office ofis
bureau des objets trouvés
lost property office
C
cabine téléphonique
phone box founboks
cadeau gift
caisse cash desk kaesh d*e*sk
caisse de maladie medical
insurance company
camper camp kaemp
canot de sauvetage
life boat laiv bout
caravane caravan k**a**er**e**vaen
carte de crédit credit card

carte d'identité
identity card aidentiti kaad
carte postale
postcard poustkaad
casino TP kesiinou
cassé broken brouken
cathédrale cathedral kethidrel
ce this pl these thiis
ceinture belt belt
cela this
célibataire single singl
celui-là that thaet pl those (ou)
cendrier ashtray aeshtrei
centre TP 'sentre
centre commercial
shopping centre
chacun each iitsh
chaîne chain tshein
chaise chair tsheer
chaleur heat hiit
chambre room ruum
chambre double
double room dabl ruum
chambre individuelle
single room singl ruum
champignon fungus fanges
change exchange ikstsheindsh
changer change tsheindsh
chanson song
chapeau hat haet
chaque each iitsh
chariot trolley troli
château castle kaasl
chauffage heating hiiting

chaussure shoe shuu
chemise shirt shoet
chercher look for luk foor
cheval horse hoos
cheveu hair heer
chien dog
chocolat chocolate tshoklit
ciel sky skai
cimetière cemetery se
cinéma cinema sineme
ciseaux scissors sises
ciseaux à ongles
nail scissors neil sises
citron lemon lemen
citronnade lemonade neid
clef key kii
climatisation
air conditioning
eer kendishening
cœur heart haat
coffre-fort safe seif
coiffeur hairdresser dreser
collègue colleague koliig
commander order ooder
commencer begin (bi)
compartiment
compartment compaatment
complet suit suut
comprendre understand (ae)
compris inclusive inkluusiv
concert TP konset
concierge porter pooter
confirmer confirm kenfoem
confiture jam dshaem

congé holiday holedi
connaissance knowledge (no)
connaître know nou
consigne checkroom tshekruum
contenir contain kentein
contrat contract kontraekt
contrôler control kentroul
corps body bodi
correspondance connection nek
coton cotton kotn
couleur colour kaler
couper cut kat
courant current karent
cours course koos
cours de ski skiing course
cousin(e) cousin kasn
coussin pillow pilou
couteau knife naif
coûter cost kost
couvert cover kaver
couverture blanket blaengkit
crème cream kriim
~solaire suntan cream santaen
croisement crossroads ~rouds
croisière cruise kruus
cru raw roo
cuiller spoon spuun
cuisine kitchen kitshin
cuisiner cook kuk
cuit cooked kukd

D

dame lady leidi
danger TP deindsher
dangereux dangerous
dans in

date TP deit
date de naissance
date of birth
déboucher open oupen
début beginning bigining
décembre December
décision decision (di)
décrire describe diskraib
déjà already oolredi
déjeuner lunch lantsh
demain tomorrow temorou
demander ask aask
demi half haaf
demi-pension
half-board
démontrer demonstrate (de)
dénoncer report ripoot
dent tooth tuuth
dentifrice toothpaste (pei)
dentiste dentist dentist
départ departure dipaatshe
dépenser spend spend
déranger disturb distoeb
derrière behind bihaind
descendre get out get aut
déviation diversion daivoe
devoir have to haev tuu
diète diet daiet
différent different difrent
difficulté difficulty difikelti
dimanche Sunday sandei
dîner dinner diner
dire say sei
direct TP dairekt
direction TPdirekshen

discothèque TP diskette
disparaître disappear (pier)
docteur doctor dokter
doigt finger
domicile residence residens
donner give giv
dormir sleep sliip
dos back baek
douche shower shauer
douleur pain pein
drap de lit sheet shiit
durer last laast
E
eau minérale mineral water(oo)
eau potable drinking water
écharpe shawl shool
écrire write rait
électrique electric ilektrik
embarcadère mooring muering
émouvoir move muuv
emporter take away teik ewei
emprunter borrow borou
encore still
en face opposite opesit
enfant child tshaild
entendre hear hier
entre between bitwiin
entrée entrance entrens
enveloppe envelope enveloup
envie wish vish
environ ebout ebaut
envoyer send send
épeler spell spel
épices spice spais
épouse wife waif

éprouver try trai
épuisé sold out
équipe team tiim
erreur mistake misteik
escalier stairs (pl) steers
escalier roulant escalator es
escalope cutlet katlit
essayer try trei
essence petrol petrel
estomac stomach stamek
étage floor
été summer samer
étranger stranger (streindsh)
être be bii
être assis sit
étroit narrow naerou
excuser excuse ikskjuus
expliquer explain iksplein
exposition exhibition (eksi)
expression TP ikspreshen
F
faim hunger hanger
faire do duu
faire de la voile
sail seil
famille family faemili
fatigué tired taied
femme woman wumen
fenêtre window windou
fermer close klous
fête party paati
feu fire faier
février February februeri
fille daughter dooter
fils son san

62

fin end end
finir finish
fleur flower flauer
fleuve river river
foire fair feer
fois time taim
fonctionner work woek
fontaine fountain fauntin
forme form foom
fortune luck lak
fourchette fork fook
français French frentsh
France TP fraans
frapper knock nok
frein brake breik
frère brother brather
fresque fresco freskou
fromage cheese tshiis
frontière border booder
fruit TP fruut
fruits de mer sea-food siifuud
fumer smoke smouk
fumeur smoker smouker

G

gagner gain gein
galerie gallery gaeleri
gant glove glav
garage TP gaeraash
garçon boy boi
garder protect pretekt
garde-robe clothes klouths
gare station steishen
garer park paak
garniture side dish said dish
gâteau cake keik

gaz TP gaes
gazole diesel diisel
genou knee nii
gens people piipl
gentil kind kaind
glace ice-cream
glacier ice-cream parlour
golf miniature minigolf
goutte drop
graisse fat faet
gramme gram graem
grand magasin
department store (dipaat)
grand-père (grand-mère)
grandfather ~mother graend
gril grill
groupe group gruup
guichet des billets
ticket office tikit ofis
guide TP gaid
guide de montagne
montain guide mauntin

H

habillement clothing (klou)
habitant inhabitant (hae)
habiter live liv
hâte hurry hari
haut-parleur speaker spiiker
hélicoptère helicopter
heure hour auer
heures d'ouverture
hours of business bisnis
heureux happy haepi
hier yesterday jestedei
histoire history histeri

hiver winter
homme man maen
hôpital hospital hospitl
horaire timetable taimteibl
horloge clock klok
hors d'œuvre starter staater
hôtel hotel houtel
huile oil

I
ici here hie(r)
île island ailend
imperméable raincoat reinkout
important TP impootent
indicatif code koud
indice de protection
protection factor pretekshen
infection TP infekshen
infirmière nurse noes
information TP infemeishen
informer inform infoom
inscription TP inskripshen
insecte insect insekt
piqûre d'insecte
insecte bite insekt bait
interdire forbid febid
interprète interpreter intoepriter
inviter invite invait
italien(ne) Italian itaeljen

J
jamais never never
jambe leg leg
jambon ham haem
janvier January dshaenjueri
jardin garden gaadn
jeu play plei
jeudi Thursday thoesdei
jouer play plei
jour day dei
jour de fête holiday holedi
jour ouvrable working day
journal newspaper peiper
juillet July dshuulai
juin June dshuun
jumelles glasses glaasis
jupe skirt skoet
jus juice dshuus
jus de fruit fruit juice

K
kilomètre kilometer (mi)
kiosque kiosk

L
là there theer
lac lake leik
laid ugly agli
laisser let let
lait milk
lampe lamp laemp
lavabo basin beisn
laver wash wosh
laxatif laxative laeksetiv
légume vegetable vedshtebl
lettre letter leter
lever (se) get up get ap
lèvre lip
librairie bookshop
lieu place pleis
au lieu de instead of
liqueur TP likjuer
liquide liquid likwid
lire read riid

liste list
lit bed bed
litre TP liiter
livre book buk
location rent rent
location de voitures
car hire kaar haie
louer rent rent
loyer rent rent
lumière light lait
lundi Monday mandei
lune moon muun
lunettes glasses glasis
M
magasin shop
photographe photographer fetografer
magnifique marvellous
mai May mei
main hand haend
maintenant now nau
mairie town hall taun hool
maison house hous
maître nageur life guard gaad
malade ill il
maladie illness ilnis
malheureusement unfortunately
manger eat iit
manquer be missing bii mising
manteau coat kout
marché market maakit
marché aux puces flea maakit flii maakit
mardi Tuesday tjuusdei
marié married maerid
maroquinerie leather goods
mars March maatsh
matelas mattress maetris
matelas pneumatique airbed eerbed
matériel material metieriel
matin morning mooning
mécanicien mechanic (kae)
médecin doctor dokter
médicament medicine
même same seim
menu TP menjuu
mer sea sii
mercredi Wednesday (wens)
mère mother mather
message TP mesidsh
mesurer measure mesher
mètre meter miiter
mettre put
miel honey hani
midi noon nuun
minuit midnight midnait
minute TP minit
miroir mirror mirer
mixte mixed mikst
mode fashion faeshen
moins less les
mois month manth
moitié half haaf
moment TP moument
monastère monastery nesteri
monsieur mister
montagne mountain
monter get on
montrer show shou

mot word woed
moteur motor mouter
motocyclette motorbike baik
mouchoir hanky haenki
moyen middle midl
mur wall wool
muscle muscle masl
musée museum mjuusiem
musique music mjuusik
N
nager swim
nationalité nationality nae nael
navire ship
né born boon
nécessaire necessary nesiseri
neige snow snou
ne ... pas not
ne ... plus jamais never again
nettoyer clean kliin
nez nose nous
noix nut nat
nom name neim
nombre number namber
non alcoolisé non-alcoholic
nouvel an New Year njuu jier
nuit night nait
nuque neck
O
oblitérer cancel kaensel
occuper occupy okjupai
oeil eye ai
oeuf egg eg
office du tourisme
tourist office tuerist ofis
offrir offer ofer

ombre shadow shaedou
ombreux shady sheidi
omelette TP omlit
on one wan
ongle nail neil
opération TP opereishen
opticien optician optishen
or gold gould
orange TP orindsh
ordure rubbish rabish
oreille ear ier
os bone boun
oublier forget feget
ouvre - bouteille
bottle opener botl oupner
ouvrir open oupen
P
pain bread bred
paire pair peer
palais palace paelis
panne breakdown breikdaun
pantalon trousers pl trausis
papier papar peiper
papier hygiénique
toilet paper toilet peiper
Pâques Easter iister
parapluie umbrella ele
parasol sunshade sansheid
par avion by airmail eemeil
parapente paraglide pae glai
parc park paak
parc de stationnement
car park kaar paak
parcmètre parking meter mii
parents TP peerents

parfum perfume poefjuum
parking couvert multi-storey
parler speak spiik
partie part paat
partir leave liiv
passeport passport paaspoot
pâtes pasta paeste
patience TP peishens
patient TP peishent
patinage skating skeiting
pâtisserie cake shop keik shop
payer pay pei
pays country kantri
péage toll toul
peau skin
pêche fish
pêcher fish
pédiatre paediatrician piidietri
peigne comb koum
peignoir bathrobe baathroub
peindre paint peint
peintre painter peinter
peinture painting peinting
pellicule film
pellicule couleurs
colour film kaler film
penser think
perdre lose luus
père father faather
permettre allow elau
permis de conduire driving
licence draiving laisens
petit-déjeuner breakfast brek
petit pain roll roul
peut-être perhaps pehaeps

pharmacie pharmacy
photo foto foutou
photographier fotograph
pièce piece piis
pièce de monnaie coin koin
pied foot fut
piéton pedestrian pidestrien
pile battery baeteri
pilule pill
piquant spicy spaisi
piscine swimming pool
piste de fond
cross-country ski run
place square skwaer
place assise seat siit
plage beach biitsh
plaindre pity
plaire please pliis
plan TP plaen
plan d'une ville
map maep
plante plant plaant
plein full ful
pleuvoir rain rein
plonger dive daiv
pluie rain rein
plus more moor
pneu tyre taier
pneu à plat flat flaet
poche pocket pokit
poisson fish
poivre pepper peper
police TP peliis
pomme apple aepl
pomme de terre potato

67

ponctuel punctual pangktl
pont bridge bridsh
population TP popjuleishen
porc pork pook
port harbour haaber
portable mobile moubail
porte door
portefeuille wallet wolit
porte-monnaie purse poes
porter carry kaeri
portion TP pooshen
possible TP posebl
poubelle rubbish bin rabish
poulet chicken tshiken
pour cent per cent poer sent
pourquoi why wai
pouvoir can kaen
préférer prefer prifoer
prendre take teik
présenter present presnt
presser press pres
prêt ready redi
prier ask aask
printemps spring
prise de courant
socket sokit
privé private praivit
prix price prais
prix d'entrée admission fee fii
prochain next nekst
procurer get get
profession TP prefeshen
profond deep diip
programme program graem
prononcer pronounce prenauns

propre clean kliin
purification
TP pjuerifikeishen
Q
quai platform plaetfoom
quelque some, any
question TP kwestshen
R
radiographier
X-ray eksrei
rapide express ikspres
rasoir razor reiser
réception TP ricepshen
recevoir get get
réclamation complaint
récolte harvest haavist
recommander recommend
réduction discount diskaunt
regard look luk
regarder look at luk aet
région region riidshen
religion TP rilidshen
remercier thank thaengk
remontée mécanique ski lift
remplir fill out
rencontrer meet miit
rendez-vous appointment
réparation repair ripeer
réparer repair ripeer
repas meal miil
repasser iron aien
répéter repeat ripiit
répondre answer aanser
réservation TP reseveishen
réserver reserve risoev

respirer breathe briith
responsable responsible (sebl)
restaurant TP resterant
rester stay stei
retard delay dilei
retirer withdraw withdroo
retour return ritoen
retourner return ritoen
réveiller awake eweik
revoir see again sii egen
revue magazine maegesiin
rien nothing nathing
rire laugh laaf
riz rice rais
robe dress dres
robinet tap taep
rompre break breik
rond round
rôti roast roust
rouge red red
rouge à lèvres lipstick
rue street striit
S
sable sand saend
sac à dos rucksack raksaek
sac à main handbag haendbaeg
sachet small bag smool baeg
saigner bleed bliid
saison season siisn
basse saison off season
haute saison high season
salade salad saeled
salade de fruits fruit salad
sale dirty doeti
s'allonger lie down lai daun
saluer greet griit
sang blood blad
sans plomb unleaded anledid
santé health helth
s'asseoir sit down sit daun
sauce TP soos
saucisse sausage sosidsh
saumon salmon saemen
savoir know nou
savon soap soup
sculpteur sculptor skalpter
sculpture TP skalptshe
seau bucket bakit
secours help help
séjour stay stei
sel salt soolt
semaine week wiik
sens unique one-way street
sentier path
sentir feel fiil
séparé separate sepret
serveur waiter weiter
service TP soevis
service religieux
service soevis
serviette TP soeviet
serviette de toilette towel tauel
serviette hygiénique sanitary towel saeniteri
servir serve soev
seul alone eloun
seulement only ounli
siècle century sentjuri

signature TP signetsher
signer sign sain
signifier mean mi
s'il vous plait please pliis
s'informer inquire inkwaier
s'intéresser à take an interest teik en intrist
faire du ski ski skii
ski de fond cross-country
socquette sock sok
sœur sister sister
soif thirst thoest
soigner treat triit
soir evening iivning
soldes sale seil
soleil sun san
somme amount emount
sonner ring
sonnette bell bel
sorte sort
sortie exit eksit
sortie de secours emergency exit imoedshensi eksit
sortir go out gou aut
soupe soup suup
souvent often ofen
sparadrap plaster plaaster
splendide splendid splendid
station-service petrol station petrel steishen
steak TP steik
stupide stupid stjuupid
style TP stail
sucre sugar shuger
suivre follow folou

supermarché supermarket
surprendre surprise seprais
surtout above all ebav
surveiller control kentroul

T

tabac tobacco tebaekou
table TP teibl
tableau painting peinting
taille (couture) size sais
tasse cup kap
taxe charge tshaadsh
taxe de séjour visitors' tax visiters taeks
télécarte phone card
téléphérique cable car
téléphone phone foun
téléphoner phone foun
télésiège chair lift tsheer lift
télévision TP telivishen
température TP tempritshe
temps time taim
tenir hold hould
tente tent tent
terminus terminal toeminl
terrain de golf golf course koos
terrasse terrace teres
tête head hed
thé tea tii
théâtre theatre thieter
thermomètre medical thermometer themomiter
tiers third thoed
timbre-poste stamp staemp
tire-bouchon corkscrew

tirer pull
tissu cloth kloth
tomate tomato temaatou
tomber fall fool
ton tone toun
ton, ta, your jur
toucher touch tatsh
toujours always oolweis
tour TP tuer
tout whole houl
tout de suite immediately (imii)
tout droit straight ahead streit
train TP trein
tranche slice slais
tranquille quiet kwaiet
transport TP traenspoot
travailler work woek
traverser cross kros
trop too tuu
trouver find faind
trouver (se) be bii
U
urgence emergency (imoedsh)
urgent TP oedshent
utiliser use juus
V
vacances holidays holedis
valable valid vaelid
valise (suit) case (suut) keis
vanille vanilla venile
veau veal viil
vendre sell sel
venir come kam
vent wind
vente sale seil

vente de billets
ticket office tikit ofis
ventilateur ventilator ventileiter
verre glass glaas
verser pay pei
veste jacket dshaekit
vestiaire cloakroom (klouk)
viande meat miit
village TP vilidsh
ville town taun
vin wine wain
vin blanc white wine
vin rouge red wine
vinaigre vinegar viniger
visage face feis
visite tour tuer
visite guidée guided tour
visiter visit visit
vitesse speed spiid
vitrine shop window
vivre live liv
vœux congratulations
voir see sii
vol flight flait
voler steal stiil
volet theft theft
volontiers with pleasure
voltage TP voultidsh
vouloir want wont
voyage journey dshoeni
voyager travel traevl
vue view vjuu
W
wagon-lit sleeper

Du même auteur

Costanza, Jean

Nouveau cours de langue
Apprendre l'italien en 10
jours sans peine
Éditeur:
Books on Demand
12 - 14 rond point des
Champs Elysées
PARIS, France
Dépôt légal: février 2011
ISBN 978-2-8106-1413-4